노래만 부르면 저절로 외워지는 **창조한자**

쓰기노트

(사)성경한자교육협회 추천도서
박필립 편저

8급

노래만 부르면 저절로 외워지는 창조한자
쓰기노트 8급

편 저 자 : 박필립
펴 낸 곳 : 현보문화
펴 낸 이 : 김명순
제 휴 처 : CTS기독교TV 교회학교
편집기획 : 박화연
내용삽화 : 박신애

저자와 협의하에 인지생략

출판등록 : 제 2003-8
전　　화 : 050-2430-1004 (출판사)
　　　　　070-8771-2542 (저자)
　　　　　02-6333-2525 (CTS 교회학교)
홈페이지 : www.biblehanja.co.kr
　　　　　copyright@2014 박필립

저작권법에 따라 보호받는 저작물이므로 무단전재와 복제를 금지하며
내용의 전부 또는 일부를 이용하려면 반드시 저작권자의 서면 동의를 받아야 합니다.

머리말

창조한자 쓰기노트를 펴내면서

한자 학습은 그 어느 때보다도 우리 사회에서 절실하게 요청되고 있는 실정이다.
과거에 학교에서 한자를 배우지 못하도록 했던 시절이 있었다.
그 때 학창시절을 보냈던 사람들 대부분은 한자의 무지로 인하여 여러 모습으로 현실에서 부딪히는 어려움을 하소연 한 것을 봤을 때 안타까운 생각이 들었다.
더욱이 컴퓨터 문화의 발달은 생활한자는 물론이고 자기의 이름자도 정확하게 쓰지 못하는 요즘 학생들을 보면서 안타까운 마음을 금치 못하는 바아다.

다행스럽게도 최근 한자에 대한 인식이 새로워지고 사회의 여러 곳에서 한자 배우기에 대한 열기가 높아지고 있는 것은 참으로 바람직한 일이라 할 수 있다.

CTS기독교TV 교회학교와 제휴를 한 박필립 교수의 교회학교의 방송교재 창조한자를 발행하게 되어 참으로 기쁨마음을 금할 수 없다.
창조한자는 사단법인 한국어문화에서 주관하는 국가공인 전국한자능력검정시험의 체계에 맞춰 8급부터 4급까지 각 급수로 배정한자를 학습함에 있어서 설문한자에 근거한 자원풀이로 된 가사를 학습자가 알고 있는 4분의 4박자 혹은 4분의 3박자 동요 곡이나 찬송가 등의 곡에 붙여 노래하면 저절로 외워지는 학습법으로 창안된 책이다.
그래서 학습자 입장에서 별도로 쓰면서 익힐 필요성을 절감하여 창조한자쓰기노트를 발행하게 되었다.

중국 당나라의 명필인 유공권(柳公權)이란 사람은 '心正則筆正(심정즉필정)'이란 말을 남겼다. 즉 '마음이 바르면 글씨가 바르게 써 진다'는 뜻이다.
이 책을 학습하는 독자들도 한 글자, 한 글자를 정성들여 써 내려가면 마음도 바르게 될 뿐만 아니라 예쁜 글씨를 쓰게 되어 생활에 많은 유익이 될 것이라 확신한다.

본 책을 쓰기 전에 필순의 원칙에 관한 글을 찬찬히 숙독하고 차분한 마음으로 학습에 임해 주길 바랄 뿐이다.

편집인

■ 한자의 이해

한자(韓字)는 중국어를 표기하는 중국 고유의 문자이다. 韓字는 생활 주변에 있는 사물을 대상으로 삼아 그 모양을 본떠서 문자의 모양을 만들었으며 그 모양에서 그 뜻을 이끌어 내게 된 것이다.

그러나 생활 영역이 넓어지고 인간의 지식이 많아짐에 따라 필요한 말은 더욱 늘어났으며, 그 늘어난 사물과 생각을 나타내기 위하여 일정한 韓字 구성 방법과 응용 법칙을 고안해 내게 되었습니다.

① 사물의 모양을 본뜬 글자(상형)

　　日(일) (☽ → ☾ → 日 : 해)

　　山(산) (⛰ → ⛰ → 月 : 달)

② 생각이나 뜻을 나타낸 글자(지사)

　　上(상) (ᐧ → ⊥ → 上 : 위)

　　'上'은 '위'라는 뜻을 점과 선으로 나타낸 글자인데, 위(上)는 지평선(━) 위에 어떤 물체(ᐧ)가 있음을 비유해서 나타낸 글자이다.

③ 뜻과 뜻을 합한 글자(회의)

　　信(신) (人+言 : 믿음)

　　'信' 자는 '人'과 '言'을 결합하여 만든 것으로 사람(人)과 말(言)은 일치해야 하며, 말과 행동이 일치할 때 믿음이 생긴다는 뜻이다.

④ 음과 뜻을 합한 글자(형성)

　　洋(양) (氵〈水〉+羊(양) : 바다)

　　'洋' 자는 이미 만들어진 '수(水)'와 '양(羊)'을 다시 결합하여 새로운 글자 '洋'을 이룬 글자인데, '水'는 물을 나타내며, '羊'은 짐승의 이름을 나타내지 않고 '음'만을 나타내고 있다.

■ 한자의 筆順

(1) 字劃(자획)의 뜻

글자를 이루는 線(선)과 點(점) 하나하나를 劃(획)이라 하고 그 수효를 劃數(획수)라고 한다. 즉 글자를 쓸 때 한번 붓을 종이에 대었다가 자연스럽게 뗄 때까지 계속된 점이나 선이 한 획이 된다.

(2) 筆順(필순)

한자는 여러 자획으로 이루어진다. 자획은 일반적으로 정해진 순서에 따라 써야 하는데, 자획을 써 나가는 순서를 필순, 또는 획순이라 한다.

(3) 筆順(필순)의 중요성

① 한자의 구조를 이해할 수 있다.
② 서예에 있어서 글자체의 균형을 이룰 수 있다.
③ 한자를 간략하고도 자연스럽게 빨리 쓰면서 맵시 있게 쓸 수 있다.

(4) 筆順(필순)의 원칙

① 위에서 아래로 쓴다.
  예) 三, 言, 工, 亡
② 왼쪽에서 오른쪽으로 쓴다.
  예) 川, 仙, 州
③ 좌우의 획이 대칭될 때는 가운데 획을 먼저 쓴다.
  예) 小, 水, 樂
④ 가로와 세로획이 교차할 때는 가로획을 먼저 쓴다.
  예) 十, 木, 井
⑤ 삐침과 파임이 만날 때는 삐침을 먼저 쓴다.
  예) 人, 大, 更
⑥ 둘러싼 모양의 글자는 바깥쪽을 먼저 쓴다.
  예) 月, 用, 同
⑦ 가운데를 꿰뚫는 획은 가장 나중에 쓴다.
  예) 事, 中, 肅
⑧ 허리를 긋는 획은 가장 나중에 쓴다.
  예) 母, 女, 毋

⑨ 아래로 에운 획은 나중에 쓴다.
   예) 也, 世, 匕
⑩ 받침을 나중에 쓰는 경우.()
   예) 近, 建
⑪ 받침을 먼저 쓰는 경우.(走, 是, 免)
   예) 起, 題, 勉
⑫ 위에서 아래로 싼 획은 먼저 쓴다.
   예) 力, 方, 刀
⑬ 오른쪽 위의 점과 밑에 있는 점은 맨 나중에 쓴다.
   예) 代, 犬, 太
⑭ 삐침이 짧고 가로획이 길면 삐침을 먼저 쓴다.
   예) 有, 右, 布

필순에 주의해야 하는 글자

예) 九, 左, 右, 方, 成, 田, 將, 飛, 非, 生, 里, 可, 馬, 率, 王, 必, 花, 主, 肅, 乃, 力, 黑, 比, 北, 世, 伐, 母, 樂, 豊

■ 한자의 짜임새

삼각형	역삼각형	정사각형	직사각형	직사각형	마름모꼴	사다리꼴	역사다리	꼴원형	두 개로 짜임
△	▽	□	□	□	◇	⏢	⏢	○	▯▯
土	丁	回	月	心	申	三	言	音	明
上	市	國	日	四	千	足	百	安	時

■ 한자의 기본이 되는 획

丨	丿	꼭지점	ㄴ	ㄴ	오른 갈고리	ㄱ	ㄱ	꺾어내리긋기
丿	丿	왼점	✓	∨	지침	ㄴ	ㄴ	꺾은 지게다리
丶	丶	오른점	ㄴ	ㄴ	파임	ㄱ	ㄱ	꺾어삐침
一	一	가로긋기	丿	丿	짧은삐침	丿	丿	변점
丨	丨	내려긋기	丿	丿	굽은 갈고리	彡	彡	삐친석삼
一	一	평갈고리	乚	乚	누운 지게다리	艹	艹	초두
丨	丨	왼갈고리	丿	丿	뉘어삐침	辶	辶	책받침

永字八法

중국 晉(진)나라 때의 서예가 왕희지(王羲之)가 고안한 것으로 영(永) 한자로서 모든 글자에 공통하는 여덟 가지 운필법(運筆法)을 말한다.

① 측(側) : 모든 점의 기본이며, 가로 눕히지 않는다.
② 늑(勒) : 가로 긋기이며 수평을 꺼린다.
③ 노(努) : 내려긋기이고 곧바로 내려 힘을 준다.
④ 적(趯) : 갈고리이고 송곳 같은 세력을 요한다.
⑤ 책(策) : 치침이고 우러러 그어 주면서 살며시 든다.
⑥ 약(掠) : 삐침으로서 왼쪽을 가볍게 흘겨 준다.
⑦ 탁(啄) : 짧은 삐침으로서 높이 들어 빨리 삐친다.
⑧ 책(磔) : 파임이고 고요히 대어 천천히 옮긴다.

한자의 뜻과 음을 큰소리로 읽으며 필순에 따라 바르게 써 보세요.

한 일 총 1획	一			
	一	一	一	一

- 훈(뜻) : 하나 또는 한 개, 첫째라는 뜻입니다.   ● 음(소리) : 일이라고 읽습니다.

	一	人	一	人
	한 일	사람 인		

- 단어풀이 : 한 사람.
- 활용문장 : 이 방은 一 人 일실이다.

一 (한일) 이 쓰인 문장을 읽고, 한자어를 써 보세요.

		一	月	一	月
		한 일	달 월		

- **단어풀이** : 첫째 달.
- **활용문장** : 一月 일일부터 아침 운동을 하기로 계획을 세웠다.

		一	日	一	日
		한 일	날 일		

- **단어풀이** : 첫째 날. 하루의 날.
- **활용문장** : 삼월 一日은 삼일절입니다.

한자의 뜻과 음을 큰소리로 읽으며 필순에 따라 바르게 써 보세요.

두 이 총 2획	一 二			
	二	二	二	二
	두 이			

- 훈(뜻) : 둘 또는 두개, 둘째라는 뜻입니다. ● 음(소리) : 이라고 읽습니다.

	二	月	二	月
	두 이	달 월		

- 단어풀이 : 한 해의 열두 달 가운데 두 번째 달.
- 활용문장 : 올해도 二月 꽃샘추위를 겪어야 날이 풀리겠다.

二 (두 이)가 쓰인 문장을 읽고, 한자어를 써 보세요.

	二	日	二	日
	두 이	날 일		

- 단어풀이 : 그 달의 둘째 날. 두 날.
- 활용문장 : 우리는 매월 二日 만나기로 약속했다.

	二	十	二	十
	두 이	열 십		

- 단어풀이 : '십'의 두 배가 되는 수.
- 활용문장 : 그 일을 하는 데에는 대략 二十년쯤 걸린다.

한자의 뜻과 음을 큰소리로 읽으며 필순에 따라 바르게 써 보세요.

석 삼 　총 3획	一 二 三			
	三	三	三	三
	석 삼			

- 훈(뜻) : 셋 또는 세개, 셋째라는 뜻입니다.   ● 음(소리) : 삼이라고 읽습니다.

	三 十		三 十	
	석 삼	열 십		

- 단어풀이 : '십'의 세 배가 되는 수.
- 활용문장 : 나는 매일 저녁 식사 후 三十분 정도 산책을 한다.

三(석 삼)이 쓰인 문장을 읽고, 한자어를 써 보세요.

		三	月	三	月
		석 삼	달 월		

- 단어풀이 : 한 해의 열두 달 가운데 세 번째 달
- 활용문장 : 三月이 시작되면서 개나리며 진달래가 꽃망울을 터뜨렸다.

		三	日	三	日
		석 삼	날 일		

- 단어풀이 : 그달의 세 번째 날. 세날
- 활용문장 : 나는 매일 저녁 식사 후 三十분 정도 산책을 한다.

한자의 뜻과 음을 큰소리로 읽으며 필순에 따라 바르게 써 보세요.

| 넉 사 　총 5획 | 丨 冂 冂 四 四 |

四	四	四	四	四
	넉 사			

- 훈(뜻) : 넷이라는 뜻입니다. ● 음(소리) : 사라고 읽습니다.

四 月	四 月
넉 사 달 월	

- 단어풀이 : 한 해의 열두 달 가운데 네번째 달.
- 활용문장 : 四月이 되자 목련꽃이 꽃망울을 터뜨렸다.

四 (넉 사)가 쓰인 문장을 읽고, 한자어를 써 보세요.

	四	日	四	日
	넉 사	날 일		

- **단어풀이** : 그 달의 네 번째 되는 날.
- **활용문장** : 우리는 다음 달 四日에 만나기로 했다.

	四	十	四	十
	넉 사	열 십		

- **단어풀이** : '십'의 네 배가 되는 수.
- **활용문장** : 우리반은 학생수가 四十명이다.

한자의 뜻과 음을 큰소리로 읽으며 필순에 따라 바르게 써 보세요.

다섯 오 총 4획	ー T 五 五			
五	五	五	五	五
	다섯 오			

- 훈(뜻) : 다섯이라는 뜻입니다.   - 음(소리) : 오라고 읽습니다.

	五	十	五	十
	다섯 오	열 십		

- 단어풀이 : '십'의 다섯 배가 되는 수.
- 활용문장 : 어머니는 배추 五十포기를 김장하셨습니다.

五(다섯 오)가 쓰인 문장을 읽고, 한자어를 써 보세요.

	五	月	五	月
	다섯 오	달 월		

- **단어풀이** : 일 년 열두 달 중의 다섯째 달
- **활용문장** : 五月은 가정의 달이라고 부릅니다

	五	日	五	日
	다섯 오	날 일		

- **단어풀이** : 다섯 번의 낮과 다섯 번의 밤이 지나가는 동안
- **활용문장** : 五月 五日은 어린이날입니다.

한자의 뜻과 음을 큰소리로 읽으며 필순에 따라 바르게 써 보세요.

여섯 륙 총 4획	丶 亠 六 六			
	六	六	六	六
	여섯 륙			

- 훈(뜻) : 여섯이라는 뜻입니다. ● 음(소리) : 육이라는 읽습니다.

	六	十	六	十
	여섯 륙	열 십		

- 단어풀이 : '십'의 여섯 배가 되는 수
- 활용문장 : 우리 할머니는 六十살이 되셨는데도 머리에 흰 터럭 한 올 없습니다.

六(여섯 륙)이 쓰인 문장을 읽고, 한자어를 써 보세요.

	六	月	六	月
	여섯 륙	달 월		

- 단어풀이 : 한 해의 열두 달 가운데의 여섯째 달.
- 활용문장 : 이모는 지난 六月 십일에 결혼하였습니다.

	六	日	六	日
	여섯 륙	날 일		

- 단어풀이 : 그 달의 여섯째 날.
- 활용문장 : 六月 六日은 현충일입니다.

한자의 뜻과 음을 큰소리로 읽으며 필순에 따라 바르게 써 보세요.

일곱 칠 총 2획	一 七			
	七	七	七	七
	일곱 칠			

- 훈(뜻) : 일곱이라는 뜻입니다. • 음(소리) : 칠이라고 읽습니다.

	七	月	七	月
	일곱 칠	달 월		

- 단어풀이 : 한 해의 일곱째 달.
- 활용문장 : 七月에는 대부분 여름 방학을 합니다.

七(일곱 칠)가 쓰인 문장을 읽고, 한자어를 써 보세요.

七 日	七 日
일곱 칠 　 날 일	

- 단어풀이 : 한 달의 일곱째 날.
- 활용문장 : 일곱 날. 음력 七月 七日 밤에는 견우와 직녀가 오작교에서 일 년에 한 번 만난다는 전설이 있습니다.

七 十	七 十
일곱 칠 　 열 십	

- 단어풀이 : '십'의 일곱 배가 되는 수.
- 활용문장 : 우리 할아버지는 七十이 되셨는데도 청년처럼 건강하십니다.

한자의 뜻과 음을 큰소리로 읽으며 필순에 따라 바르게 써보세요.

여덟 팔 총 2획	ノ 八			
	八	八	八	八
	여덟 팔			

- 훈(뜻) : 여덟이라는 뜻입니다. ● 음(소리) : 팔이라고 읽습니다.

	八	月	八	月
	여덜 팔	달 월		

- 단어풀이 : 한 해의 여덟 번째 달.
- 활용문장 : 八月 십오일은 광복절입니다.

八(여덟 팔)이 쓰인 문장을 읽고, 한자어를 써 보세요.

	八	日	八	日
	여덟 팔	날 일		

- 단어풀이 : 그 달의 여덟째 날.
- 활용문장 : 사월 八日은 사월 초파일이라고 합니다.

	八	十	八	十
	여덟 팔	열 십		

- 단어풀이 : 십의 여덟 배가 되는 수.
- 활용문장 : 八十을 열 배하면 팔백입니다.

한자의 뜻과 음을 큰소리로 읽으며 필순에 따라 바르게 써 보세요.

열 십 총 2획	ノ 九			
九	九 아홉 구	九	九	九

- 훈(뜻) : 아홉이라는 뜻입니다. ● 음(소리) : 구라고 읽습니다.

	九 아홉 구	月 달 월	九	月

- 단어풀이 : 한해의 열두 달 가운데 아홉 번째 달.
- 활용문장 : 이 마을은 매년 九月에 체육대회가 열립니다.

九 (아홉 구)가 쓰인 문장을 읽고, 한자어를 써 보세요.

		九	日	九	日
		아홉 구	날 일		

- **단어풀이** : 그 달의 아홉째 날.
- **활용문장** : 음력 九月 九日은 옛 명절의 하나로 국화 꽃잎으로 국화전을 부쳐 먹었다는 중구절입니다.

		九	九	九	九
		아홉 구	아홉 구		

- **단어풀이** : 곱셈에 쓰는 기초 공식.
- **활용문장** : 오늘 숙제는 九九단을 외워오는 것입니다.

한자의 뜻과 음을 큰소리로 읽으며 필순에 따라 바르게 써 보세요.

아홉 구 총 2획	一 十			
十	十 열 십	十	十	十

- 훈(뜻) : 열이라는 뜻입니다. ● 음(소리) : 십이라고 읽습니다.

90%	九 아홉 구	十 열 십	九	十

- 단어풀이 : 십의 아홉 배가 되는 수.
- 활용문장 : 오늘은 비 올 확률이 九十 퍼센트 이상이라고 합니다.

十 (열 십)이 쓰인 문장을 읽고, 한자어를 써 보세요.

		十	日	十	日
		열 십	날 일		

- 단어풀이 : ① 그 달의 열째 날. ② 열 날의 기간.
- 활용문장 : 영호는 十日 동안 남해로 여행을 떠났습니다.

		十	月	十	月
		열 십	달 월		

- 단어풀이 : 한 해의 열두 달 가운데 열 번째 달.
- 활용문장 : 十月 九日은 한글날입니다.

한자의 뜻과 음을 큰소리로 읽으며 필순에 따라 바르게 써 보세요.

먼저 선 총 6획	′ ⸍ 屮 生 步 先			
	先 먼저 선	先	先	先

- 훈(뜻) : 먼저 또는 앞서다는 뜻입니다. ● 음(소리) : 선이라고 읽습니다.

	先 먼저 선	生 날 생	先	生

- 단어풀이 : 학생을 가르치는 사람을 두루 이르는 말.
- 활용문장 : 학교에서 아이들을 가르치는 先生이 되는 게 내 꿈이다.

先 (먼저 선)이 쓰인 문장을 읽고, 한자어를 써 보세요.

	先	人	先	人
	먼저 선	사람 인		

- 단어풀이 : 전대(前代)의 사람.
- 활용문장 : 유적지들을 둘러보면 옛 先人의 숨결을 느낄 수 있다.

	先	山	先	山
	먼저 선	메 산		

- 단어풀이 : 조상의 무덤이 있는 산.
- 활용문장 : 실향민의 소원은 죽어서나마 고향 先山에 묻히는 것이다.

한자의 뜻과 음을 큰소리로 읽으며 필순에 따라 바르게 써 보세요.

임금 **왕** 총 4획	一 二 千 王			
	王	王	王	王
	임금 **왕**			

- 훈(뜻) : 임금 또는 왕이라는 뜻입니다.　● 음(소리) : 왕이라고 읽습니다.

	王	子	王	子
	임금 **왕**	아들 **자**		

- **단어풀이** : 임금의 아들.
- **활용문장** : 어린 王子는 글재주와 무예가 출중하였습니다.

王(임금 왕)이 쓰인 문장을 읽고, 한자어를 써 보세요.

		父	王	父	王
		아버지 부	임금 왕		

- 단어풀이 : 아버지인 임금을 이르던 말.
- 활용문장 : 왕세자는 父王의 윤허를 받고 온천에 요양을 갔다.

		女	王	女	王
		여자 녀	임금 왕		

- 단어풀이 : 여자 임금.
- 활용문장 : 내년에 영국 女王이 한국을 방문한다고 합니다.

한자의 뜻과 음을 큰소리로 읽으며 필순에 따라 바르게 써 보세요.

| 달 월 총 4획 | ノ 刀 月 月 |

| | 月 달 월 | 月 | 月 | 月 |

- 훈(뜻) : 달이라는 뜻입니다. ● 음(소리) : 월이라고 읽습니다.

| | 七 일곱 칠 | 月 달 월 | 七 | 月 |

- 단어풀이 : 한 해의 일곱째 달.
- 활용문장 : 七月에 하는 여름 방학이 벌써부터 기다려집니다.

月(달 월)이 쓰인 문장을 읽고, 한자어를 써 보세요.

	月	日	月	日
	달 월	해 일		

- 단어풀이 : 달과 날을 아울러 이르는 말.
- 활용문장 : 그는 태어난 장소와 月日도 불확실한 사람이었다.

	王	月	王	月
	임금 왕	달 월		

- 단어풀이 : '정월'을 달리 이르는 말.
- 활용문장 : '1월'을 달리 王月이라 합니다.

한자의 뜻과 음을 큰소리로 읽으며 필순에 따라 바르게 써 보세요.

불 화 총 4획	丶 丶 ⺍ 火			
	火 불 화	火	火	火

● 훈(뜻) : 불이라는 뜻입니다. ● 음(소리) : 화라고 읽습니다.

	火 불 화	力 힘 력	火	力

● 단어풀이 : 총포 따위와 같은 무기의 위력.
● 활용문장 : 도시가스는 火力이 세고 불꽃 조절이 자유로우며 위생적이다.

火 (불 화)가 쓰인 문장을 읽고, 한자어를 써 보세요.

	火	山	火	山
	불 화	메 산		

- **단어풀이** : 땅속의 마그마와 암석, 가스 따위가 지상으로 뿜어져 나오는 현상.
- **활용문장** : 백두산 火山이 언제 폭발할지 모른다고 한다.

	火	木	火	木
	불 화	나무 목		

- **단어풀이** : 불 때는 데 쓰는 나무.
- **활용문장** : 아저씨는 겨울 날 준비를 위해 火木을 가득 쌓아 놓았습니다.

한자의 뜻과 음을 큰소리로 읽으며 필순에 따라 바르게 써 보세요.

물 수 총 4획	亅 亅 水 水			
	水	水	水	水
	물 수			

- 훈(뜻) : 물이라는 뜻입니다. ● 음(소리) : 수라고 읽습니다.

	下	水	下	水
	아래 하	물 수		

- 단어풀이 : 사용한 후 버리는 더러운 물.
- 활용문장 : 오염된 下水를 강물에 몰래 버린 업자가 구속되었다고 합니다.

水 (물 수)가 쓰인 문장을 읽고, 한자어를 써 보세요.

	上 水	上 水
	위 상 　 물 수	

- 단어풀이 : 수도관을 통하여 보내는 맑은 물.
- 활용문장 : 한강 上水원 보호구역도 오염되고 있다고 한다.

	水 分	水 分
	물 수 　 나눌 분	

- 단어풀이 : 물의 축축한 기운.
- 활용문장 : 건강을 위해 매일 적당량의 水分을 섭취해야 한다.

한자의 뜻과 음을 큰소리로 읽으며 필순에 따라 바르게 써보세요.

나무 목 총 4획	一 十 才 木			
	木 나무 목	木	木	木

- 훈(뜻) : 나무라는 뜻입니다.   ● 음(소리) : 목이라고 읽습니다.

	木 工 나무 목 장인 공		木 工	

- 단어풀이 : 나무를 다루어 물건을 만드는 일.
- 활용문장 : 내 취미는 木工입니다.

木(나무 목)이 쓰인 문장을 읽고, 한자어를 써 보세요.

	土	木	土	木
	흙 **토**	나무 **목**		

- **단어풀이** : 흙과 나무를 아울러 이르는 말.
- **활용문장** : 우리나라의 전통가옥은 土木으로 지어진 것이 대부분 입니다.

	火	木	火	木
	불 **화**	나무 **목**		

- **단어풀이** : 불 때는 데 쓰는 나무.
- **활용문장** : 火木으로 쓸 나무를 주어 모았습니다.

한자의 뜻과 음을 큰소리로 읽으며 필순에 따라 바르게 써 보세요.

성 김 총 8획	ノ 人 人 仝 仐 仐 金 金				
	金 쇠 금	金	金	金	

- 훈(뜻) : 쇠 또는 성씨라는 뜻입니다.   ● 음(소리) : 금 또는 김이라고 읽습니다.

	白 흰 백	金 쇠 금	白	金

- 단어풀이 : 은백색의 귀금속 원소.
- 활용문장 : 白金 목걸이가 오래 되니 누렇게 변했다.

金(쇠 금)이 쓰인 문장을 읽고, 한자어를 써 보세요.

		入	金	入	金
		들 입	쇠 금		

- 단어풀이 : 돈이 들어오는 일.
- 활용문장 : 入金하신 금액을 확인해 보시기 바랍니다.

		出	金	出	金
		날 출	쇠 금		

- 단어풀이 : 돈을 내어 씀. 또는 그 돈.
- 활용문장 : 현금 자동 지급기에서 出金 할 때에는 비밀번호를 남이 보지 않도록 주의하여야 한다.

한자의 뜻과 음을 큰소리로 읽으며 필순에 따라 바르게 써 보세요.

흙 토 총 3획	一 十 土			
	土 흙 토	土	土	土

- 훈(뜻) : 흙이라는 뜻입니다.   ● 음(소리) : 토라고 읽습니다.

	土	木	土	木
	흙 토	나무 목		

- 단어풀이 : 흙과 나무를 아울러 이르는 말.
- 활용문장 : 우리나라의 전통가옥은 土木으로 지어진 것이 대부분 입니다.

土(흙 토)가 쓰인 문장을 읽고, 한자어를 써 보세요.

		土	人	土	人
		흙 토	사람 인		

- 단어풀이 : 미개한 사람.
- 활용문장 : 낙타에 짐을 싣고 가는 土人의 모습을 사진에서 봤습니다.

		土	山	土	山
		흙 토	메 산		

- 단어풀이 : 흙으로만 이루어진 산.
- 활용문장 : 비만 오면 土山의 흙이 흘러내려 도로를 덮어버립니다.

한자의 뜻과 음을 큰소리로 읽으며 필순에 따라 바르게 써 보세요.

| 해 일   총 4획 | ㅣ 冂 冃 日 |

| 日 | 日 | 日 | 日 |
| 해 일 | | | |

- 훈(뜻) : 해 또는 날이라는 뜻입니다.   ● 음(소리) : 일이라고 읽습니다.

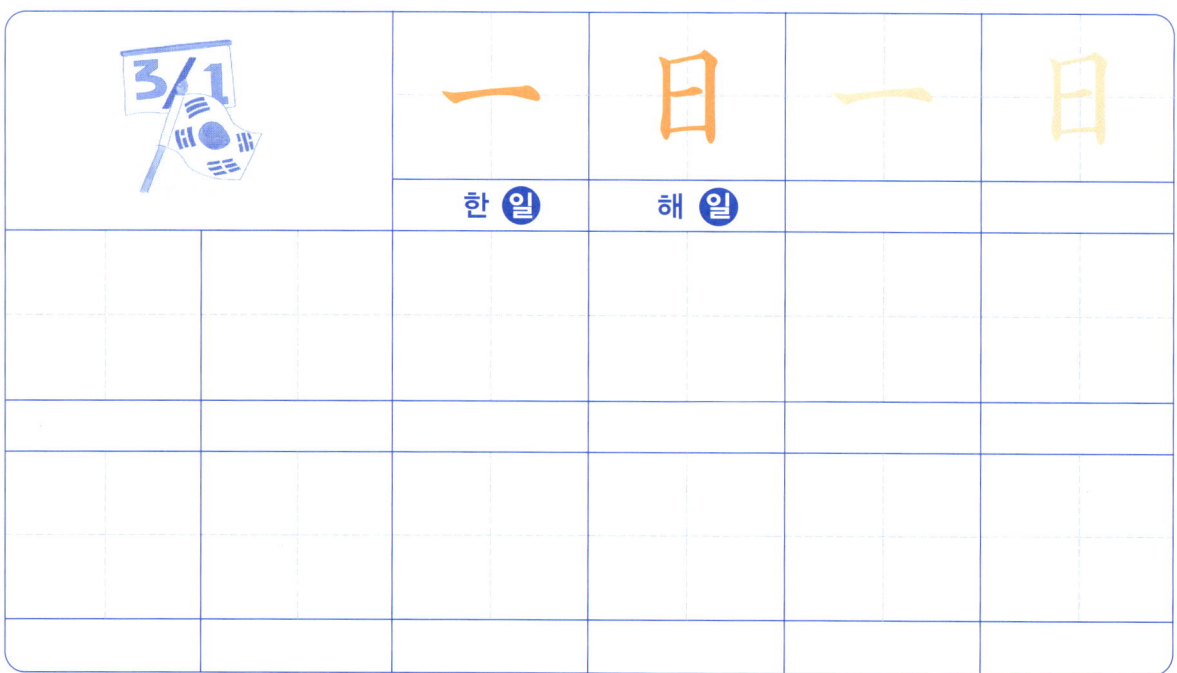

| 一 | 日 | 一 | 日 |
| 한 일 | 해 일 | | |

- 단어풀이 : ① 스물네 시간 동안. ② 한 달의 첫째 날.
- 활용문장 : 삼월 一日은 삼일 운동을 기념하는 국경일입니다.

日(해 일)이 쓰인 문장을 읽고, 한자어를 써 보세요.

		日	日	日	日
		날 일	날 일		

- 단어풀이 : 하루하루의 날.
- 활용문장 : 어머니는 日日 연속극을 무척 좋아하십니다.

		日	月	日	月
		날 일	달 월		

- 단어풀이 : 해와 달을 아울러 이르는 말.
- 활용문장 : 순이는 온 정성을 다해 日月을 바라보며 하나님께 기도를 드렸습니다.

한자의 뜻과 음을 큰소리로 읽으며 필순에 따라 바르게 써 보세요.

살 생 총 5획	ノ ┌ ╘ 牛 生			
	生 살 생	生	生	生

- 훈(뜻) : 나다 또는 살다라는 뜻입니다.   ● 음(소리) : 생이라고 읽습니다.

	生 살 생	日 날 일	生	日

- 단어풀이 : 세상에 태어난 날.
- 활용문장 : 어머니께서 生日 선물로 컴퓨터를 사 주셨다.

生(날 생)이 쓰인 문장을 읽고, 한자어를 써 보세요.

	一	生	一	生
	한 일	살 생		

- 단어풀이 : 생물이 살아 있는 동안.
- 활용문장 : 안중근 의사는 옥중에서 一生을 마감했다.

	先	生	先	生
	먼저 선	날 생		

- 단어풀이 : 학생을 가르치는 사람을 두루 이르는 말.
- 활용문장 : 너희들 모두 계속 거짓말을 한다면 先生님께 가서 다일러 줄 테다.

한자의 뜻과 음을 큰소리로 읽으며 필순에 따라 바르게 써 보세요.

큰 대 총 3획	一 ナ 大
	大 / 大 / 大 / 大
	큰 대

- 훈(뜻) : 크다라는 뜻입니다.　● 음(소리) : 대라고 읽습니다.

	大 人 大 人
	큰 대　사람 인

- 단어풀이 : 보통 사람보다 몸이 아주 큰 사람.
- 활용문장 : 걸리버는 大人이 사는 나라와 소인이 사는 나라를 여행하였다.

大 (큰 대)가 쓰인 문장을 읽고, 한자어를 써 보세요.

	大	小	大	小
	큰 대	작을 소		

- 단어풀이 : 크고 작은 것.
- 활용문장 : 옛날에는 혜성이 나타나면 임금이나 大小 관리들이 모두 근신을 하였었다.

	大	王	大	王
	큰 대	임금 왕		

- 단어풀이 : 훌륭하고 뛰어난 임금을 높여 이르는 말.
- 활용문장 : 세종大王은 훈민정음을 창제 했습니다.

한자의 뜻과 음을 큰소리로 읽으며 필순에 따라 바르게 써 보세요.

가운데 중 총 4획	丨 口 口 中			
	中	中	中	中
	가운데 중			

- 훈(뜻) : 가운데라는 뜻입니다. ● 음(소리) : 중이라고 읽습니다.

	人	中	人	中
	사람 인	가운데 중		

- 단어풀이 : 코의 밑과 윗입술 사이의 우묵하게 골이 파인부분.
- 활용문장 : 갑자기 뜨거운 콧김이 새나와 人中이 얼얼했다.

中(가운데 중)이 쓰인 문장을 읽고, 한자어를 써 보세요.

	中	心	中	心
	가운데 중	마음 심		

- **단어풀이** : 중요하고 기본이 되는 부분.
- **활용문장** : 나의 경험을 中心으로 이야기 했습니다.

	山	中	山	中
	메 산	가운데 중		

- **단어풀이** : 산의 속.
- **활용문장** : 한낮이 되면서 山中의 안개가 씻은 듯이 벗겨졌습니다.

한자의 뜻과 음을 큰소리로 읽으며 필순에 따라 바르게 써 보세요.

작을 소 총 3획	⼁ ⼩ 小			
	小 작을 소	小	小	小

- 훈(뜻) : 작다라는 뜻입니다. ● 음(소리) : 소라고 읽습니다.

	小 작을 소	子 아들 자	小	子

- 단어풀이 : 아들이 부모를 대하여 자기를 낮추어 가리키는 말.
- 활용문장 : 小子 아버님께 문안 인사드립니다.

小(작을 소)가 쓰인 문장을 읽고, 한자어를 써 보세요.

	小	人	小	人
	작을 소	사람 인		

- 단어풀이 : 나이가 어린 사람.
- 활용문장 : 13세 이하 小人의 입장료는 대인의 반액입니다.

	大	小	大	小
	큰 대	작을 소		

- 단어풀이 : 크고 작은 것.
- 활용문장 : 일의 大小를 막론하고 반드시 부모님께 여쭈어야 한다.

한자의 뜻과 음을 큰소리로 읽으며 필순에 따라 바르게 써 보세요.

여자 녀 총3획	く 夂 女			
	女 여자 녀	女	女	女

- 훈(뜻) : 계집 또는 여자라는 뜻입니다.   - 음(소리) : 녀라고 읽습니다.

	女 여자 녀	子 아들 자	女	子

- 단어풀이 : 여성으로 태어난 사람.
- 활용문장 : 이제는 군대에도 女子들이 많이 갑니다.

女(여자 녀)가 쓰인 문장을 읽고, 한자어를 써 보세요.

	父	女	父	女
	아버지 부	여자 녀		

- 단어풀이 : 아버지와 딸.
- 활용문장 : 우리 父女는 취미로 바둑을 둡니다.

	女	人	女	人
	여자 녀	사람 인		

- 단어풀이 : 성인이 된 여자.
- 활용문장 : 내일 삼촌은 오랫동안 사귀어 온 女人과 결혼합니다.

한자의 뜻과 음을 큰소리로 읽으며 필순에 따라 바르게 써 보세요.

사람 인 총 2획	ノ 人			
	人 사람 인	人	人	人

- 훈(뜻) : 사람이라는 뜻입니다.   - 음(소리) : 인이라고 읽습니다.

	木 나무 목	人 사람 인	木	人

- 단어풀이 : 나무로 사람처럼 만든 인형.
- 활용문장 : 어제 부모님과 함께 木人 박물관에 다녀왔다.

人(사람 인)이 쓰인 문장을 읽고, 한자어를 써 보세요.

		山	人	山	人
		메 산	사람 인		

- 단어풀이 : 산 속에 사는 사람.
- 활용문장 : 산 속에 사는 사람을 山人이라고 합니다.

		人	中	人	中
		사람 인	가운데 중		

- 단어풀이 : 코의 밑과 윗입술 사이의 우묵하게 골이 파인 부분.
- 활용문장 : 내 친구는 학교에서 人中이 긴 아이로 유명하다.

한자의 뜻과 음을 큰소리로 읽으며 필순에 따라 바르게 써 보세요.

| 아버지 부 총 4획 | ′ ″ ⽗ 父 |

| 父 | 父 | 父 | 父 |
| 아버지 부 | | | |

- 훈(뜻) : 아버지라는 뜻입니다. ● 음(소리) : 부라고 읽습니다.

| 父 | 母 | 父 | 母 |
| 아버지 부 | 어머니 모 | | |

- 단어풀이 : 아버지와 어머니
- 활용문장 : 父母님의 은혜는 하늘보다 높고 바다보다 깊다.

父(아버지 부)가 쓰인 문장을 읽고, 한자어를 써 보세요.

父	女	父	女
아버지 부	여자 녀		

- 단어풀이 : 아버지와 딸을 아울러 이르는 말.
- 활용문장 : 우리 父女가 함께 미술 전시회를 열었습니다.

父	子	父	子
아버지 부	아들 자		

- 단어풀이 : 아버지와 아들을 아울러 이르는 말.
- 활용문장 : 이웃집 父子는 매일 아침운동을 함께 한다.

한자의 뜻과 음을 큰소리로 읽으며 필순에 따라 바르게 써 보세요.

| 어머니 모 총 5획 | ㄴ ㄌ ㄌ 母 母 |

| | 母 | 母 | 母 | 母 |
| | 어머니 모 | | | |

- 훈(뜻) : 어머니라는 뜻입니다.   ● 음(소리) : 모라고 읽습니다.

| | 母 | 女 | 母 | 女 |
| | 어머니 모 | 여자 녀 | | |

- 단어풀이 : 어머니와 딸.
- 활용문장 : 그들은 母女가 아니라 마치 자매처럼 보인다.

母(어머니 모)가 쓰인 문장을 읽고, 한자어를 써 보세요.

	母	子	母	子
	어머니 모	아들 자		

- 단어풀이 : 어머니와 아들.
- 활용문장 : 노모께서는 母子 겸상을 받겠다고 하셨다.

	生	母	生	母
	날 생	어머니 모		

- 단어풀이 : 자기를 낳은 어머니.
- 활용문장 : 양모의 기른 정과 生母의 낳은 정 중에 무엇이 더 큰가?

한자의 뜻과 음을 큰소리로 읽으며 필순에 따라 바르게 써 보세요.

| 맏 형 총 5획 | ノ 口 口 尸 兄 |

	兄	兄	兄	兄
	맏 형			

- 훈(뜻) : 맏이 또는 형이라는 뜻입니다. ● 음(소리) : 형이라고 읽습니다.

	父	兄	父	兄
	아버지 부	맏 형		

- 단어풀이 : 아버지와 형을 아울러 이르는 말.
- 활용문장 : 시골에 계신 父兄의 기대에 보답하기 위해 서라도 열심히 공부해야지.

兄(맏 형)이 쓰인 문장을 읽고, 한자어를 써 보세요.

	女	兄	女	兄
	여자 녀	맏 형		

- 단어풀이 : 손위 여자 형제.
- 활용문장 : 바쁜 엄마 대신 나를 키운 것은 女兄이었다.

	兄	弟	兄	弟
	맏 형	아우 제		

- 단어풀이 : 형과 아우.
- 활용문장 : 저는 다섯 兄弟 중의 장남입니다.

한자의 뜻과 음을 큰소리로 읽으며 필순에 따라 바르게 써 보세요.

| 아우 제 총7획 | ` ´ ㅛ ㅛ ㅛ 弟 弟 |

| 아우 제 |

- 훈(뜻) : 아우 또는 나이 어린사람이라는 뜻입니다.   ● 음(소리) : 제라고 읽습니다.

弟子 (아우 제, 아들 자)

- 단어풀이 : 지식이나 덕을 갖춘 사람으로부터 가르침을 받는 사람.
- 활용문장 : 선생님은 어른이 된 弟子를 보시고 흐뭇해 하셨다.

弟(아우 제)가 쓰인 문장을 읽고, 한자어를 써 보세요.

		弟	夫	弟	夫
		아우 제	지아비 부		

- 단어풀이 : 여자가 자기 여동생의 남편을 이르는 말.
- 활용문장 : 弟夫는 내 여동생을 매우 아낀다.

		王	弟	王	弟
		임금 왕	아우 제		

- 단어풀이 : 왕의 아우.
- 활용문장 : 왕의 아우를 王弟라 한다.

한자의 뜻과 음을 큰소리로 읽으며 필순에 따라 바르게 써 보세요.

| 동녘 동 총 8획 | 一 ㄧ ㅠ ㅠ 百 百 申 東 東 |

東 東 東 東
동녘 동

- 훈(뜻) : 동쪽 이라는 뜻입니다.   ● 음(소리) : 동이라고 읽습니다.

東 山 東 山
동녘 동 메 산

- 단어풀이 : 마을 부근이나 집 근처에 있는 낮은 언덕이나 작은 산.
- 활용문장 : 마을 뒤편의 東山에는 맑은 시냇물이 흐르고 있다.

東(동녘 동)이 쓰인 문장을 읽고, 한자어를 써 보세요.

	東 동녘 동	南 남녘 남	東	南

- 단어풀이 : 동쪽을 기준으로, 동쪽과 남쪽의 중간 방위.
- 활용문장 : 이 누각은 서쪽으로는 백마강을 굽어보며 東南으로는 구룡 평야를 바라보는 곳이다.

	北 북녘 북	東 동녘 동	北	東

- 단어풀이 : 북쪽을 기준으로, 북쪽과 동쪽의 중간 방위.
- 활용문장 : 여기에서 北東 방향으로 가면 마을이 보일 겁니다.

한자의 뜻과 음을 큰소리로 읽으며 필순에 따라 바르게 써 보세요.

서녘 서 총 6획	一 丆 丙 西 西 西			
	西 서녘 서	西	西	西

- 훈(뜻) : 서쪽 이라는 뜻입니다. ● 음(소리) : 서라고 읽습니다.

	西 서녘 서	天 하늘 천	西	天

- 단어풀이 : 서쪽 하늘.
- 활용문장 : 西天에서 해가 뜨겠다.

西(서녘 서)가 쓰인 문장을 읽고, 한자어를 써 보세요.

	東 동녘 동	西 서녘 서	東	西

- 단어풀이 : 동쪽과 서쪽을 아울러 이르는 말.
- 활용문장 : 태백산맥을 경계로 하여 지역이 東西로 나뉜다.

	西 서녘 서	方 방위 방	西	方

- 단어풀이 : 서쪽의 지방.
- 활용문장 : 칭기즈칸은 세력을 점차 西方으로 확장했다.

한자의 뜻과 음을 큰소리로 읽으며 필순에 따라 바르게 써 보세요.

남녘 남 총 9획	一 十 十 冇 冇 肉 肉 肉 南 南
	南 南 南 南
	남녘 남

- 훈(뜻) : 남쪽이라는 뜻입니다. ● 음(소리) : 남이라고 읽습니다.

	南 下 南 下
	남녘 남 아래 하

- 단어풀이 : 남쪽 방면을 향하여 내려옴.
- 활용문장 : 당시 북한은 인민군대를 이끌고 南下하고 있었다.

西(남녘 남)이 쓰인 문장을 읽고, 한자어를 써 보세요.

	南 남녘 남	北 북녘 북	南	北

- 단어풀이 : 남쪽과 북쪽을 아울러 이르는 말.
- 활용문장 : 그 마을 앞에는 南北을 가로지르는 냇물이 있다.

	西 남녘 남	門 문 문	西	門

- 단어풀이 : 성이나 건축물 따위에서 남쪽으로 난 문.
- 활용문장 : 북문을 지나 시내를 가로질러 南門에 이르렀다.

한자의 뜻과 음을 큰소리로 읽으며 필순에 따라 바르게 써 보세요.

북녘 북 총5획	丨 ㅓ ㅓ ㅓ 北			
	北 북녘 북	北	北	北

- 훈(뜻) : 북녘, 북쪽 또는 달아나다라는 뜻입니다. • 음(소리) : 북 또는 배라고 읽습니다.

	入 들 입	北 북녘 북	入	北

- 단어풀이 : 북쪽이나 북한으로 들어감.
- 활용문장 : 정부 당국 몰래 入北한 사람이 구속되었다.

北(북녘 북)이 쓰인 문장을 읽고, 한자어를 써 보세요.

	北	方	北	方
	북녘 북	방위 방		

- 단어풀이 : 북쪽 지방.
- 활용문장 : 김 장군은 北方 오랑캐를 치기 위해 원정길에 올랐다.

	北	韓	北	韓
	북녘 북	한국 한		

- 단어풀이 : 대한민국의 휴전선 북쪽 지역을 가리키는 말.
- 활용문장 : 이번 대회에서 남한과 北韓의 선수단이 함께 입장하였다.

한자의 뜻과 음을 큰소리로 읽으며 필순에 따라 바르게 써 보세요.

| 배울 학 총 16획 | ` ´ ʳ ʳ ʳ ʳ ʳ ʳ ʳ ʳ ʳ ʳ ʳ 學 學 學 |

	學	學	學	學
	배울 학			

- 훈(뜻) : 배운다라는 뜻입니다.   ● 음(소리) : 학이라고 읽습니다.

	學	校	學	校
	배울 학	학교 교		

- 단어풀이 : 교사가 계속적으로 학생에게 교육을 실시하는 기관.
- 활용문장 : 올해 學校에 입학한 막내는 새로 배우는 모든 것이 신기한 모양이다.

學(배울 학)이 쓰인 문장을 읽고, 한자어를 써 보세요.

	學 배울 학	生 날 생	學	生

- 단어풀이 : 배우는 사람
- 활용문장 : 교실에는 공부하고 있는 學生이 스무 명 정도 있었다.

	大 큰 대	學 배울 학	大	學

- 단어풀이 : 최고급의 공공 교육 및 연구 기관.
- 활용문장 : 大學은 학문의 전당이다.

한자의 뜻과 음을 큰소리로 읽으며 필순에 따라 바르게 써 보세요.

| 학교 교 총 10획 | 一 十 才 木 木 朽 柠 柠 校 校 |

校 校 校 校
학교 교

學 校 學 校
배울 학 학교 교

- 훈(뜻) : 학교라는 뜻입니다. - 음(소리) : 교라고 읽습니다.

- 단어풀이 : 교사가 계속적으로 학생에게 교육을 실시하는 기관.
- 활용문장 : 우리 學校는 올해 처음으로 1학년 신입생을 받았습니다.

校(학교 교)가 쓰인 문장을 읽고, 한자어를 써 보세요.

		校 학교 교	門 문 문	校	門

- 단어풀이 : 학교의 정면에 있는, 주가 되는 출입문.
- 활용문장 : 校門에서 어머니가 우산을 들고 기다리고 계셨다.

		下 아래 하	校 학교 교	下	校

- 단어풀이 : 공부를 마치고 학교에서 집으로 돌아옴.
- 활용문장 : 나는 下校를 하는 길에 시장에 들러 어머니와 함께 집으로 갔다.

한자의 뜻과 음을 큰소리로 읽으며 필순에 따라 바르게 써 보세요.

가르칠 교 총11획	ノ ㄨ ㆍ ㅊ 耂 耂 孝 考 考 教 教				
	教 가르칠 교	教	教	教	

- 훈(뜻) : 가르치다 라는 뜻입니다.   - 음(소리) : 교라고 읽습니다.

	教 가르칠 교	生 날 생	教	生

- 단어풀이 : 교육 과정의 실제 체험을 위하여 일선 학교에 나가 실습하는 학생.
- 활용문장 : 나는 教生으로 온 선생님이 무척 마음에 들었다.

敎(가르칠 교)가 쓰인 문장을 읽고, 한자어를 써 보세요.

	敎	師	敎	師
	가르칠 교	스승 사		

- 단어풀이 : 일정한 자격을 가지고 학생을 가르치는 사람.
- 활용문장 : 토론식 수업에서는 敎師도 학생의 일원으로서 참가하게 된다.

	敎	訓	敎	訓
	가르칠 교	가르칠 훈		

- 단어풀이 : 가르치고 일깨움.
- 활용문장 : 스승님의 敎訓은 뜻밖에도 너무나 간단했다.

한자의 뜻과 음을 큰소리로 읽으며 필순에 따라 바르게 써 보세요.

집 실 총 9획	` ´ ⼧ ⼧ 宂 宊 宲 室 室			
	室 집 실	室	室	室

- 훈(뜻) : 집 또는 방이라는 뜻입니다. ● 음(소리) : 실이라고 읽습니다.

	王 임금 왕	室 집 실	王室	

- 단어풀이 : 왕의 집안.
- 활용문장 : 왕비가 왕자를 생산하자 신하들은 모두 王室의 홍복 이라며 기뻐하였다.

室 (집 실)이 쓰인 문장을 읽고, 한자어를 써 보세요.

	室 집실	内 안내	室	内

- 단어풀이 : 집 또는 건물의 안.
- 활용문장 : 우리 동네의 室内 수영장은 항상 만원이다.

	敎 가르칠교	室 집실	敎	室

- 단어풀이 : 교육 기관에서, 학생들이 수업하는 방.
- 활용문장 : 토요일 내내 우리들은 敎室을 청소했다.

한자의 뜻과 음을 큰소리로 읽으며 필순에 따라 바르게 써 보세요.

한국 한 총 17획	一 十 十 古 古 古 卓 卓 훽 훽 훽 훽 훽 韓 韓			
	韓 한국 한	韓	韓	韓

- 훈(뜻) : 한국 또는 나라이름이라는 뜻입니다. ● 음(소리) : 한이라고 읽습니다.

	南 남녘 남	韓 한국 한	南	韓

- 단어풀이 : 해방 후, 삼팔선 이남의 한국.
- 활용문장 : 고구려 유적이 한강 변 南韓 지역에서 발견되었다.

韓(한국 한)이 쓰인 문장을 읽고, 한자어를 써 보세요.

	北 북녘 북	韓 한국 한	北	韓

- **단어풀이** : 휴전선 북쪽 지역을 가리키는 말.
- **활용문장** : 우리가 먼저 北韓에 비료를 제공해 주겠다고 제안을 했다.

	韓 한국 한	國 나라 국	韓	國

- **단어풀이** : 아시아 대륙 동북부의 한반도에 위치하고 있는 민주 공화국.
- **활용문장** : 나는 누구보다도 나의 조국 韓國을 사랑한다.

한자의 뜻과 음을 큰소리로 읽으며 필순에 따라 바르게 써 보세요.

| 나라 국 총11획 | 丨 冂 冂 冋 冋 冋 冋 國 國 國 國 |

國 나라 국

- 훈(뜻) : 나라라는 뜻입니다. • 음(소리) : 국이라고 읽습니다.

母 어머니 모 國 나라 국

- 단어풀이 : 해방 후, 삼팔선 이남의 한국.
- 활용문장 : 고구려 유적이 한강 변 南韓 지역에서 발견되었다.

國(나라 국)이 쓰인 문장을 읽고, 한자어를 써 보세요.

		國	土	國	土
		나라 국	흙 토		

- 단어풀이 : 나라의 영토.
- 활용문장 : 독도는 역사적으로나 사회적으로나 우리의 國土임이 확실하다.

		王	國	王	國
		임금 왕	나라 국		

- 단어풀이 : 왕이 다스리는 군주제의 나라.
- 활용문장 : 예수가 재림하여 천 년 동안 다스릴 천년王國에 대해 설교를 들었다.

한자의 뜻과 음을 큰소리로 읽으며 필순에 따라 바르게 써 보세요.

일만 만 총 13획	` ⺈ ⺌ ⺍ 苎 苎 苗 芎 茜 萬 萬 萬			
	萬	萬	萬	萬
	일만 만			

- 훈(뜻) : 일만 또는 많다라는 뜻입니다. ● 음(소리) : 만이라고 읽습니다.

	萬	人	萬	人
	일만 만	사람 인		

- 단어풀이 : 매우 많은 사람. 또는 모든 사람.
- 활용문장 : 정치를 위한 정치가 아니라 萬人을 위한 정치가 되어야 한다.

萬(일만 만)이 쓰인 문장을 읽고, 한자어를 써 보세요.

	萬	國	萬	國
	일만 **만**	나라 **국**		

- 단어풀이 : 세계의 모든 나라.
- 활용문장 : 대한제국의 고종 황제는 파리 萬國 평화 회의에 이준과 이상설 등을 파견하였다.

	十	萬	十	萬
	열 **십**	일만 **만**		

- 단어풀이 : '만(萬)'의 열 배가 되는 수.
- 활용문장 : 조선 선조 때 율곡 이이는 十萬 양병설을 주장하였다.

한자의 뜻과 음을 큰소리로 읽으며 필순에 따라 바르게 써 보세요.

백성 민 총 5획	ㄱ ㄱ ㄲ ㄲ 民			
	民 백성 민	民	民	民

- 훈(뜻) : 백성이라는 뜻입니다.   ● 음(소리) : 민이라고 읽습니다.

	國 나라 국	民 백성 민	國	民

- 단어풀이 : 한 나라의 통치권 아래에 있는 사람.
- 활용문장 : 월드컵 경기를 치르면서 우리 國民이 이토록 하나된 적이 있었던가 생각했다.

民(백성 민)이 쓰인 문장을 읽고, 한자어를 써 보세요.

	人	民	人	民
	사람 인	백성 민		

- 단어풀이 : 국가와 사회를 구성하고 있는 사람들.
- 활용문장 : 정부 대표단은 최고 人民 회의 의장 주최 만찬에 초대되었다.

	生	民	生	民
	날 생	백성 민		

- 단어풀이 : 살아가는 일반 인민.
- 활용문장 : 임금이 암행어사를 보내는 것은 生民을 보호하기 위해서였다.

한자의 뜻과 음을 큰소리로 읽으며 필순에 따라 바르게 써 보세요.

푸를 청 총 8획	一 十 キ 主 丰 青 青 青			
	青 푸를 청	青	青	青

- 훈(뜻) : 푸르다라는 뜻입니다.   ● 음(소리) : 청이라고 읽습니다.

	青 푸를 청	山 메 산	青	山

- 단어풀이 : 풀과 나무가 무성한 푸른 산.
- 활용문장 : 나는 자연과 늘 함께하는 靑山에서 살고 싶다.

靑(푸를 청)이 쓰인 문장을 읽고, 한자어를 써 보세요.

	靑	軍	靑	軍
	푸를 청	군사 군		

- **단어풀이**: 운동 경기 등에서, 청과 백, 혹은 청과 홍으로 편을 갈랐을 때의 청 쪽 편.
- **활용문장**: 靑軍이 힘차게 응원전을 펼쳤다.

	靑	年	靑	年
	푸를 청	해 년		

- **단어풀이**: 신체적으로나 정신적으로 한창 힘이 넘치는 시기에 있는 사람.
- **활용문장**: 그녀는 서울에서 대학을 마친 한 靑年과 결혼하였다.

한자의 뜻과 음을 큰소리로 읽으며 필순에 따라 바르게 써 보세요.

| 흰 백 총 5획 | ′ 亻 冂 白 白 |

| | 白 흰 백 | 白 | 白 | 白 |

- 훈(뜻) : 희다 또는 아뢰다라는 뜻입니다.   ● 음(소리) : 백이라고 읽습니다.

| | 白 흰 백 | 人 사람 인 | 白 | 人 |

- 단어풀이 : 백색 인종에 속한 사람.
- 활용문장 : 白人이나 유색인이나 똑같이 귀중한 사람이다.

白(흰 백)이 쓰인 문장을 읽고, 한자어를 써 보세요.

	白	金	白	金
	흰 백	쇠 금		

- 단어풀이 : 은백색의 귀금속 원소.
- 활용문장 : 아내의 생일에 白金 목걸이를 선물했다.

	白	軍	靑	年
	흰 백	군사 군		

- 단어풀이 : 경기나 게임 등에서, 백과 청으로 편을 나눌 때 백 쪽의 편.
- 활용문장 : 운동회가 시작되자 청군과 白軍 응원단은 목이 터져라 응원을 하기 시작했다.

한자의 뜻과 음을 큰소리로 읽으며 필순에 따라 바르게 써 보세요.

메 산 총 3획	ㅣ 山 山			
(그림)	山 메 산	山	山	山

- 훈(뜻) : 메 또는 산이라는 뜻입니다.　● 음(소리) : 산이라고 읽습니다.

(그림)	山 메 산	水 물 수	山	水

- 단어풀이 : 산과 물, 즉 자연의 경치를 이르는 말.
- 활용문장 : 우리나라 山水는 아름답기로 유명합니다.

山(메 산)이 쓰인 문장을 읽고, 한자어를 써 보세요.

	下	山	下	山
	아래 하	메 산		

- 단어풀이 : 산에서 내려감.
- 활용문장 : 겨울에는 등산을 할 때보다 下山할 때가 더 위험하다.

	土	山	土	山
	흙 토	메 산		

- 단어풀이 : 흙으로만 이루어진 산.
- 활용문장 : 비만 오면 土山의 흙이 흘러내린다.

한자의 뜻과 음을 큰소리로 읽으며 필순에 따라 바르게 써 보세요.

| 문 문 총 8획 | 丨 冂 冂 冃 鬥 鬥 門 門 |

| 門 | 門 문 문 | 門 | 門 | 門 |

- 훈(뜻) : 문이라는 뜻입니다. ● 음(소리) : 문이라고 읽습니다.

| | 門 문 문 | 中 가운데 중 | 門 | 中 |

- 단어풀이 : 성과 본이 같은 가까운 집안.
- 활용문장 : 그는 門中 회의에 자손들을 데리고 참석했다.

98

門(문 문)이 쓰인 문장을 읽고, 한자어를 써 보세요.

	大	門	大	門
	큰 **대**	문 **문**		

- **단어풀이** : 커다란 문.
- **활용문장** : 밤늦게 돌아온 나는 식구들이 깰까 봐 大門을 가만히 열었다.

	門	人	門	人
	문 **문**	사람 **인**		

- **단어풀이** : 이름난 학자의 제자.
- **활용문장** : 할아버지는 퇴계 이황의 門人이라는 자부심이 대단하셨다.

한자의 뜻과 음을 큰소리로 읽으며 필순에 따라 바르게 써 보세요.

긴 장 총 8획	一 厂 F F E 트 툰 長			
	長 긴 장	長	長	長

- 훈(뜻) : 길다 또는 어른이라는 뜻입니다. • 음(소리) : 장이라고 읽습니다.

	校　　　長 학교 교　　긴 장		校　　　長	

- 단어풀이 : 학교의 교무를 통괄하고 교직원을 감독하는 최고의 직책.
- 활용문장 : 校長 선생님께서 나에게 직접 상장을 주셨다.

長 (긴 장)이 쓰인 문장을 읽고, 한자어를 써 보세요.

	長	女	長	女
	긴 장	여자 녀		

- 단어풀이 : 맨 먼저 낳은 딸.
- 활용문장 : 대부분의 부모들은 장남과 長女에 대한 기대가 상당히 크다고 한다.

	學	長	學	長
	배울 학	긴 장		

- 단어풀이 : 단과 대학의 최고 책임자.
- 활용문장 : 총장은 박 교수를 문과 대학 學長으로 명하였다.

한자의 뜻과 음을 큰소리로 읽으며 필순에 따라 바르게 써 보세요.

해 년 총 6획	ノ ㅗ ㅌ 누 뜨 年			
	年 해 년	年	年	年

- 훈(뜻) : 해 또는 나이라는 뜻입니다.   ● 음(소리) : 년이라고 읽습니다.

	學 배울 학	年 해 년	學	年

- 단어풀이 : 학교제도에서 1년을 단위로 한 학습 기간의 구분.
- 활용문장 : 우리나라에서는 3월에 새 學年이 시작된다.

年(해 년)이 쓰인 문장을 읽고, 한자어를 써 보세요.

中	年	中	年
가운데 중	해 년		

- 단어풀이 : 한창 젊은 시기가 지난 40대 안팎의 나이.
- 활용문장 : 中年의 신사가 카페로 들어왔다.

萬	年	萬	年
일만 만	해 년		

- 단어풀이 : 항상 변함없이 같은 상태.
- 활용문장 : 우리 아버지는 철저한 건강 관리로 60대의 연세에도 萬年 청춘이다.

한자의 뜻과 음을 큰소리로 읽으며 필순에 따라 바르게 써 보세요.

밖 외 총 5획	ノ ク タ タ 外			
	外 밖 외	外	外	外

- 훈(뜻) : 밖이라는 뜻입니다. ● 음(소리) : 외라고 읽습니다.

	外 밖 외	國 나라 국	外	國

- 단어풀이 : 자기 나라가 아닌 다른 나라.
- 활용문장 : 그는 정든 부모의 곁을 떠나 外國 유학을 떠났다.

外(밖 외)가 쓰인 문장을 읽고, 한자어를 써 보세요.

	中	外	中	外
	가운데 중	밖 외		

- 단어풀이 : 자기 나라가 아닌 다른 나라.
- 활용문장 : 그의 활 솜씨는 中外에 소문이 나 있었던 것 같다.

	外	人	外	人
	밖 외	사람 인		

- 단어풀이 : 다른 나라 사람.
- 활용문장 : 그 부락은 낯선 外人과의 접촉이 거의 없다.

한자의 뜻과 음을 큰소리로 읽으며 필순에 따라 바르게 써 보세요.

| 군사 군 총 9획 | 丿 冖 冖 冖 冒 甲 宣 軍 |

軍	軍	軍	軍
군사 군			

● 훈(뜻) : 군사라는 뜻입니다.   ● 음(소리) : 군이라고 읽습니다.

軍	人	軍	人
군사 군	사람 인		

● 단어풀이 : 군대에 복무하는 사람을 통틀어 이르는 말.
● 활용문장 : 제가 크면 아버지처럼 자랑스러운 대한민국의 軍人이 되고 싶어요.

軍(군사 군)이 쓰인 문장을 읽고, 한자어를 써 보세요.

	國	軍	國	軍
	나라 국	군사 군		

- 단어풀이 : 우리나라의 군대와 군인.
- 활용문장 : 우리나라의 國軍은 육군, 공군, 해군으로 구성되어 있다.

	大	軍	大	軍
	큰 대	군사 군		

- 단어풀이 : 병사가 많은 큰 규모의 군대.
- 활용문장 : 674년에 당나라의 大軍이 신라에 쳐들어 왔다.

한자의 뜻과 음을 큰소리로 읽으며 필순에 따라 바르게 써 보세요.

마디 촌 총 3획	一 寸 寸			
	寸 마디 촌	寸	寸	寸

- 마디 또는 법도라는 뜻입니다.   ● 음(소리) : 촌이라고 읽습니다.

	三 寸		三 寸	
	석 삼	마디 촌		

- 단어풀이 : 아버지나 어머니의 형제를 가리키거나 부르는 말.
- 활용문장 : 오랜만에 三寸이 우리집에 놀러오셨다.

寸(마디 촌)이 쓰인 문장을 읽고, 한자어를 써 보세요.

	四	寸	四	寸
	넉 **사**	마디 **촌**		

- 단어풀이 : 어버이의 친형제자매의 아들이나 딸을 촌수로 따져서 이르는 말.
- 활용문장 : 우리 집안의 四寸들은 사이가 좋아 자주 함께 모이는 편이었다.

	六	寸	六	寸
	여섯 **륙**	마디 **촌**		

- 단어풀이 : 사촌의 아들딸끼리의 친족 관계.
- 활용문장 : 그를 오랜만에 만나 촌수를 캐보니 六寸 사이인 것이 밝혀졌다.